Animals and
Their Senses/
Los sentidos
de los animales

ANIMAL SIGHT/
LA VISTA EN LOS ANIMALES

by/por Kirsten Hall

Reading consultant/Consultora de lectura: Susan Nations, M.Ed.,
author, literacy coach, consultant/autora, tutora de alfabetización, consultora

WR WEEKLY
READER
EARLY LEARNING LIBRARY

Please visit our web site at: www.earlyliteracy.cc
For a free color catalog describing Weekly Reader® Early Learning Library's list
of high-quality books, call 1-877-445-5824 (USA) or 1-800-387-3178 (Canada).
Weekly Reader® Early Learning Library's fax: (414) 336-0164.

Library of Congress Cataloging-in-Publication Data available upon request from the publisher.
Fax (414) 336-0157 for the attention of the Publishing Records Department.

ISBN 0-8368-4815-2 (lib. bdg.)
ISBN 0-8368-4821-7 (softcover)

This North American edition first published in 2006 by
Weekly Reader® Early Learning Library
A Member of the WRC Media Family of Companies
330 West Olive Street, Suite 100
Milwaukee, WI 53212 USA

Weekly Reader® Early Learning Library Editor: Barbara Kiely Miller
Weekly Reader® Early Learning Library Art Direction: Tammy West
Weekly Reader® Early Learning Library Graphic Designer and Page Layout: Jenni Gaylord
Weekly Reader® Early Learning Library Translators: Tatiana Acosta and Guillermo Gutiérrez

Photo Credits
The publisher would like to thank the following for permission to reproduce their royalty-free photographs:
AbleStock: 4, 5, 11, 12, 13, 15, 19, 21; Corel: 18; Digital Vision: Cover, title page, 6, 7, 8, 9, 10, 14, 16, 20;
Fotosearch/It Stock Free: 17

Printed in the United States of America

1 2 3 4 5 6 7 8 9 09 08 07 06 05

Note to Educators and Parents

Reading is such an exciting adventure for young children! They are beginning to integrate their oral language skills with written language. To encourage children along the path to early literacy, books must be colorful, engaging, and interesting; they should invite the young reader to explore both the print and the pictures.

Animals and Their Senses is a new series designed to help children read about the five senses in animals. In each book young readers will learn interesting facts about the bodies of some animals and how the featured sense works for them.

Each book is specially designed to support the young reader in the reading process. The familiar topics are appealing to young children and invite them to read — and reread — again and again. The full-color photographs and enhanced text further support the student during the reading process.

In addition to serving as wonderful picture books in schools, libraries, homes, and other places where children learn to love reading, these books are specifically intended to be read within an instructional guided reading group. This small group setting allows beginning readers to work with a fluent adult model as they make meaning from the text. After children develop fluency with the text and content, the book can be read independently. Children and adults alike will find these books supportive, engaging, and fun!

— Susan Nations, M.Ed., author/literacy coach/reading consultant

Nota para los educadores y los padres

¡Leer es una aventura tan emocionante para los niños pequeños! A esta edad están comenzando a integrar su manejo del lenguaje oral con el lenguaje escrito. Para animar a los niños en el camino de la lectura incipiente, los libros deben ser coloridos, estimulantes e interesantes; deben invitar a los jóvenes lectores a explorar la letra impresa y las ilustraciones.

Los sentidos de los animales es una nueva colección diseñada para que los niños lean textos sobre los cinco sentidos en los animales. En cada libro, los jóvenes lectores aprenderán datos interesantes del cuerpo de algunos animales y cómo éstos usan el sentido que se presenta.

Cada libro está especialmente diseñado para ayudar a los jóvenes lectores en el proceso de lectura. Los temas familiares llaman la atención de los niños y los invitan a leer — y releer — una y otra vez. Las fotografías a todo color y el tamaño de la letra ayudan aún más al estudiante en el proceso de lectura.

Además de servir como maravillosos libros ilustrados en escuelas, bibliotecas, hogares y otros lugares donde los niños aprenden a amar la lectura, estos libros han sido especialmente concebidos para ser leídos en un grupo de lectura guiada. Este contexto permite que los lectores incipientes trabajen con un adulto que domina la lectura mientras van determinando el significado del texto. Una vez que los niños dominan el texto y el contenido, el libro puede ser leído de manera independiente. ¡Estos libros les resultarán útiles, estimulantes y divertidos a niños y a adultos por igual!

— Susan Nations, M.Ed., autora/tutora de alfabetización/consultora de desarrollo de la lectura

People see with their eyes. Our eyes see colors, sizes, and shapes.

- - - - - - - - -

Las personas vemos con los ojos. Nuestros ojos ven los colores, los tamaños y las formas.

Our eyes send **messages** to our brains. Then our brains tell us what we are seeing.

■ ■ ■ ■ ■ ■ ■ ■

Nuestros ojos envían **mensajes** al cerebro. Luego, nuestro cerebro nos dice qué estamos viendo.

A snake has an eye on each side of its head. It can see things well only if they are close.

━ ━ ━ ━ ━ ━ ━ ━

Las serpientes tienen un ojo a cada lado de la cabeza. Sólo pueden ver bien las cosas si las tienen cerca.

Eagles have large eyes for their small heads. They can see small objects and colors very well.

- - - - - - - -

Las águilas tienen los ojos muy grandes para el tamaño de su cabeza. Pueden ver muy bien los colores y los objetos pequeños.

A frog's eyes stick out from its head. Frogs can see in all directions.

- - - - - - - -

La rana tiene los ojos saltones. Las ranas pueden ver en todas las direcciones.

A **chameleon** can see things in different places at the same time. Each eye moves on its own.

— — — — — — — — —

El **camaleón** puede ver al mismo tiempo cosas que están en diferente sitios. Cada ojo se mueve por su cuenta.

Chimpanzees are like people. They see the world around them in many colors.

- - - - - - - -

Los chimpancés se parecen a las personas. Ven muchos colores en el mundo que los rodea.

Owls cannot see many colors. The things they see look black, white, or gray.

- - - - - - - -

Las lechuzas no pueden ver muchos colores. Ven las cosas en blanco y negro, o en grises.

Birds can see things better than people can. Many birds can see colors very well, too.

- - - - - - - -

Los pájaros pueden ver mejor que las personas. Muchos, además, pueden ver muy bien los colores.

Cats can see about six times better than people can in very little, or **dim**, light.

- - - - - - - - -

Los felinos pueden ver casi seis veces mejor que las personas con luz **tenue** o escasa.

tentacle/
tentáculo

A snail's eyes are on the ends of its top **tentacles**. A snail can see in all directions, but it cannot see things well.

— — — — — — — —

El caracol tiene los ojos en las puntas de los **tentáculos** superiores. Un caracol puede ver en todas las direcciones, pero no ve muy bien.

eye spot/
copa ocular

A sea star has an eye spot on the end of each of its arms. These spots tell the sea star if it is in a dark or light place.

- - - - - - - -

Las estrella de mar tiene una copa ocular en la punta de cada brazo. Estas copas le indican si está en un sitio oscuro o iluminado.

Spiders can have up to eight eyes. Most spiders can tell if it is light or dark around them. But they cannot see very well.

▬ ▬ ▬ ▬ ▬ ▬ ▬ ▬

Las arañas pueden tener hasta ocho ojos. La mayoría puede reconocer si hay luz u oscuridad a su alrededor. Pero las arañas no pueden ver muy bien.

Bees have two large eyes and three small eyes. Each large eye is made up of hundreds of little eyes.

- - - - - - - -

Las abejas tienen dos ojos grandes y tres ojos pequeños. Cada ojo grande está formado por cientos de ojitos pequeños.

A camel has long eyelashes. They keep blowing sand out of the camel's eyes. Eyelashes help camels see during sandstorms.

- - - - - - - -

El camello tiene largas pestañas que le protegen los ojos de la arena. Las pestañas ayudan a los camellos a ver en medio de una tormenta de arena.

An alligator's eyes are on the top of its head. It can see above the water when it swims. Its body stays hidden while it hunts for **prey**.

‒ ‒ ‒ ‒ ‒ ‒ ‒ ‒ ‒

El caimán tiene los ojos en la parte de arriba de la cabeza. Puede ver fuera del agua cuando nada. Mantiene el cuerpo escondido mientras busca a su **presa**.

Sight is important for most animals. A shark uses its sense of sight to find food.

- - - - - - - -

La vista es importante para la mayoría de los animales. El tiburón usa su sentido de la vista para encontrar comida.

Sight helps a prairie dog look for danger. Sight helps animals live in the wild.

- - - - - - - -

La vista ayuda al perro de las praderas a ver si hay algún peligro. La vista ayuda a los animales salvajes a sobrevivir.

Glossary

chameleon — a small lizard that changes colors to match its surroundings

messages — information that is passed on in writing, by speaking, or by signals

prey — animals that are hunted and killed by other animals for food

tentacles — long, bendable parts that stick out from the heads of some animals

Glosario

camaleón — lagarto pequeño que cambia de color de acuerdo a lo que lo rodea

mensaje — información que se transmite por escrito, oralmente o mediante señales

presa — animal que otros animales cazan para alimentarse

tentáculos — partes largas y flexibles que sobresalen de la cabeza de algunos animales

For More Information/Más información

Books

How Animals See Things. Rookie Read-About Science
    (series). Allan Fowler (Children's Press)
*Whose Eyes Are These? A Look at Animal Eyes — Big,
    Round, and Narrow.* Whose Is It (series). Peg Hall
    (Picture Window Books)

Libros

¡Camaleones! Fay Robinson (Scholastic en Espanol)

Lechuzas. Timothy L. Biel (Wildlife Education)

Index

Índice

About the Author

Kirsten Hall is an author and editor. While she was still in high school, she published her first book for children, *Bunny, Bunny*. Since then she has written and published more than eighty titles. A former teacher, Kirsten currently spends her days writing and editing and her evenings tutoring. She lives in New York City with her husband.

Información sobre la autora

Kirsten Hall es escritora y editora. Publicó su primer libro para niños, *Bunny, Bunny*, cuando aún asistía a la escuela secundaria. Desde entonces, ha escrito y publicado más de ochenta títulos. Kirsten, que anteriormente fue maestra, pasa el día escribiendo y editando, y por la noche da clases. Kirsten vive en la ciudad de Nueva York con su esposo.